CW00550014

Guide Dé

Régime Végétarien

Le Guide Ultime Des Recettes Délicieuses Et
Faciles À Préparer : Les Meilleures Idées Pour
Commencer Votre Mode De Vie Végétarien

Jennifer Smith

Yvonne Vidal

Aucune garantie d'aucune sorte n'est déclarée ou implicite. Les lecteurs reconnaissent que l'auteur ne s'engage pas dans l'interprétation de conseils juridiques, financiers, médicaux ou professionnels. Le contenu de ce livre a été dérivé de diverses sources. S'il vous plaît consulter un professionnel autorisé avant de tenter toutes les techniques décrites dans ce livre.

En lisant ce document, le lecteur convient qu'en aucun cas l'auteur n'est responsable des pertes, directes ou indirectes, qui sont subies à la suite de l'utilisation des informations contenues dans ce document, y compris, sans s'y limiter, des erreurs, des omissions ou des inexactitudes.

Tableau du contenu

PETIT DÉJEUNER & SMOOTHIES

Smoothie à l'ananas, à l'orange et aux fraises

Temps de préparation: 5 minutes

Portions: 4 tasses

ingrédients

- Fraises: 6

- Orange: 1

- Ananas: 1 tasse hachée

- Eau: 1 tasse

Itinéraire:

1. Ajouter tous les ingrédients au mélangeur

2. Mélanger pour former une consistance lisse

nutrition:

Glucides: 12.2 g

Protéines: 2 g

Graisses: 0.2 g

Calories: 48 Kcal

Farine d'avoine à la cannelle

Temps de préparation: 10 minutes

Temps de cuisson: 4 minutes

Portions: 3

ingrédients:

- 3 tasses d'eau

- 1 tasse d'avoine coupée en acier

- 1 pomme, évidée et hachée

- 1 cuillère à soupe de cannelle en poudre

Itinéraire:

1. Dans votre pot instantané, mélanger l'eau avec l'avoine, la cannelle et la pomme, remuer, couvrir et cuire le temps : à puissance élevée pendant 4 minutes.

2. Remuer à nouveau, diviser en bols et servir pour le petit déjeuner.

3. jouir!

Nutrition: calories 200, lipides 1, fibres 7, glucides 12, protéines 10

Risotto instantané de petit déjeuner de pot

Portions: 4

Temps de préparation: 10 minutes

Temps de cuisson: 22 minutes

ingrédients:

- 1 et 1/2 tasse de riz arborio
- 2 pommes, en dés
- 2 cuillères à soupe de beurre de noix de coco
- Une pincée de sel
- 1 et 1/2 cuillère à café de cannelle
- 1/3 tasse de stévia
- 1 tasse de jus de pomme
- 3 tasses de lait d'amande
- 1/2 tasse de cerises, séchées

Itinéraire:

1. Mettez le beurre de noix de coco et le riz dans votre casserole instantanée, couvrir et cuire le temps: à haute pendant 6 minutes.

2. Découvrir la casserole instantanée, remuer le riz et le mélanger avec le jus de pomme, le lait d'amande, les pommes, le sucre cru, une pincée de sel et de cannelle, couvrir et cuire le temps: à haute pendant 10 minutes.

3. Servez votre riz petit déjeuner dans des bols moyens

avec des cerises séchées sur le dessus.

4. jouir!

Valeur nutritive : calories 178, lipides 12, glucides 1, fibres 3, protéines 12, sucre 11

Pêches et avoine à la crème

Portions: 2

Temps de préparation: 10 minutes

Temps de cuisson: 3 minutes

ingrédients:

- 2 pêches, hachées
- 1 tasse de lait de coco
- 1 tasse d'avoine coupée en acier
- 1/2 gousse de vanille
- 2 tasses d'eau

Itinéraire:

1. Mettez les pêches dans votre pot instantané.
2. Ajouter le lait de coco, l'avoine, la gousse de vanille et l'eau et le temps de cuisson : pendant 3 minutes.
3. Laisser de côté pendant 10 minutes pour relâcher la pression et servir.
4. jouir!

Valeur nutritive : 130, lipides 2, glucides 5, fibres 2, protéines 3

Smoothie à la mangue Persimmon

Temps de préparation: 5 minutes

Portions: 1

ingrédients

- Morceaux de mangue congelés : 1/2 tasse
- Carotte : 1 petite pelée et hachée
- Lait de coco : 1 tasse de boisson
- Cannelle moulue : 1/4 c. à thé
- Persimmon mûr : 1/2 mûr
- Graines de lin : 1 c. à thé
- Beurre d'amande : 1 c. à soupe
- Graines de chanvre: 1 c. à thé

Itinéraire:

1. Ajouter tous les ingrédients au mélangeur
2. Mélanger pour former une consistance lisse

nutrition:

Glucides: 27,2 g

Protéines: 10 g

Graisses: 15.1 g

Calories: 256 Kcal

Petit déjeuner Risotto à la noix de coco

Temps de préparation: 10 minutes

Temps de cuisson: 7 minutes

Portions: 4

ingrédients:

- 1 tasse de riz Arborio
- 2 tasses de lait d'amande
- 1 tasse de lait de coco
- 1/3 tasse de nectar d'agave
- 2 cuillères à café d'extrait de vanille
- 1/4 tasse de flocons de noix de coco, grillés

Itinéraire:

1. Réglez votre pot instantané sur le mode mijoter, ajouter le lait d'amande et de noix de coco et porter à ébullition.
2. Ajouter le nectar d'agave et le riz, remuer, couvrir et cuire le temps : à feu doux pendant 5 minutes.
3. Ajouter la vanille et la noix de coco, remuer, diviser en bols et servir chaud.
4. jouir!

Nutrition: calories 192, lipides 1, fibres 1, glucides 20, protéines 4

Smoothie aux épinards pistaches

Temps de préparation: 5 minutes

Portions: 1

ingrédients

- Grosse banane: 1
- Glaçons: 4
- Pistaches: 1/4 tasse
- Épinards frais : 1 tasse
- Flocons d'avoine : 2 c. à soupe
- Lait d'amande non sucré : 3/4 tasse

Itinéraire:

1. Ajouter tous les ingrédients au mélangeur
2. Mélanger pour former une consistance lisse

nutrition:

Glucides: 49,2 g

Protéines: 12.9 g

Matières grasses: 21.9 g

Calories: 392 Kcal

Déjeuner instantané de fraises et d'avoine de pot

Portions: 2

Temps de préparation: 5 minutes

Temps de cuisson: 10 minutes

ingrédients:

- 1/3 tasse d'avoine roulée à l'ancienne
- 2 cuillères à soupe de fraises séchées
- Une pincée de sel
- 2 tasses d'eau
- 2/3 tasse de lait d'amande
- 1/2 cuillère à café de sucre de coco

Itinéraire:

1. Mettez l'eau dans votre pot instantané.
2. Ajouter les fraises, l'avoine, le lait d'amande et le sucre.
3. Temps de cuisson : à feu élevé pendant 10 minutes, laisser de côté pour relâcher la pression, transférer l'avoine dans les bols du petit déjeuner et servir.
4. jouir!

Valeur nutritive : calories 200, lipides 5, glucides 25, fibres 2,8, protéines 8,6

Porridge instantané de petit déjeuner de pot

Portions: 6

Temps de préparation: 10 minutes

Temps de cuisson: 35 minutes

ingrédients:

- 1/4 tasse de gramme jaune fendu, rôti
- 1 cuillère à soupe de gramme de Bengale fendu, rôti
- 1 et 1/2 tasse de banane, hachée
- 1 tasse de lait d'amande
- 1 tasse de riz, lavé
- 3 tasses d'eau
- 2 tasses de jaggery, hachées
- 3 cuillères à soupe de noix de cajou, hachées
- 1 cuillère à café de poudre de cardamome
- 2 cuillères à soupe de raisins secs
- 1/4 c. à thé de noix de muscade en poudre
- Quelques brins de safran

Itinéraire:

1. Dans votre pot instantané, mélanger le gramme jaune et bengali avec le riz, le lait d'amande et 2 et 1/2 tasse d'eau et le temps de cuisson: à puissance élevée

pendant 5-6 minutes.

2. Relâchez la pression et laissez de côté pour l'instant.

3. Dans un bol, mélanger le jaggery avec le reste de l'eau, remuer et verser le tout dans une casserole chauffée à feu moyen-vif.

4. Temps de cuisson : pendant 7 minutes, en remuant souvent, puis ajouter le mélange de riz et de gramme.

5. Remuer à nouveau et cuire le temps: pendant 4 minutes.

6. Ajouter les raisins secs, les noix de cajou, remuer et cuire le temps : pendant 2 minutes.

7. Ajouter la poudre de cardamome, la poudre de muscade, le safran et les bananes, remuer et cuire le temps : pendant 1 minute.

8. Verser cela dans les bols du petit déjeuner et servir tout de suite.

9. jouir!

Valeur nutritive : calories 70, lipides 1, glucides 5, fibres 1, protéines 1

Beurre de pomme délicieux

Portions: 80

Temps de préparation: 10 minutes

Temps de cuisson: 1 heure

ingrédients:

- 1/2 tasse de vinaigre de cidre
- 16 pommes, évidées et tranchées
- 2 et 1/2 tasse de sucre de palme
- 1/4 c. à thé de clous de girofle, moulus
- 3 cuillères à café de cannelle

Itinéraire:

1. Mettez les pommes dans votre pot instantané, couvrir et cuire le temps: sur High pendant 1 heure.
2. Relâchez la pression, transférez les pommes à votre robot culinaire et mélangez-les très bien.
3. Remettre les pommes dans votre casserole instantanée, ajouter le sucre de palme, le vinaigre, la cannelle et les clous de girofle, bien mélanger, couvrir la casserole et le temps de cuisson: à feu doux pendant 15 minutes.
4. Transférer dans des bocaux et servir avec du pain grillé le matin.
5. jouir!

Valeur nutritive : calories 50, lipides 0,1, glucides 11,2, fibres 0,9, sucre 10, protéines 0,1

Smoothie vert beurre d'arachide

Temps de préparation: 5 minutes

Portions: 2

ingrédients

- Lait de coco : 1 tasse
- Beurre d'arachide : 2 c. à soupe
- Banane congelée : 1 petite tranche
- Courgettes congelées : 1/2 tasse tranchée

Itinéraire:

1. Ajouter tous les ingrédients au mélangeur
2. Mélanger pour former une consistance lisse

nutrition:

Glucides: 33.1 g

Protéines: 12.2 g

Graisses: 18.0 g

Calories: 335 Kcal

Pot instantané beurre végétalien de châtaigne

Portions: 4

Temps de préparation: 10 minutes

Temps de cuisson: 20 minutes

ingrédients:

- 1 et 1/2 livre de châtaignes fraîches
- 11 onces d'eau
- 11 onces de sucre de coco

Itinéraire:

1. Couper les châtaignes en deux, les peler et les mettre dans votre casserole instantanée.

2. Ajouter l'eau et le sucre, couvrir le couvercle et le temps de cuisson : à feu plein pendant 20 minutes.

3. Relâchez la pression pendant environ 10 minutes, transférez le mélangeur à votre mélangeur et pulsez très bien.

4. Verser dans un bol et servir le matin sur du pain grillé et tranché.

5. jouir!

Valeur nutritive : calories 80, lipides 0, glucides 20, sucre 17, protéines 0

Petit déjeuner carotte

Portions: 6

Temps de préparation: 20 minutes

Temps de cuisson: 10 minutes

ingrédients:

- 1 tasse d'avoine coupée en acier
- 4 tasses d'eau
- 1 cuillère à soupe de beurre de noix de coco
- 2 cuillères à café de cannelle, moulues
- 1 tasse de carottes, finement râpées
- 3 cuillères à soupe de sirop d'érable
- 1 cuillère à café d'épices à tarte à la citrouille
- Une pincée de sel
- 1/4 tasse de graines de
- 3/4 tasse de raisins secs

Itinéraire:

1. Dans votre pot instantané, mélanger le beurre de noix de coco avec l'eau, la cannelle, les carottes, le sirop d'érable, les épices à tarte au sel et à la citrouille et le temps de cuisson : à puissance élevée pendant 10 minutes.

2. Laisser la casserole de côté pour relâcher la pression

pendant 10 minutes, ajouter l'avoine, les graines de et les raisins secs, couvrir la casserole et la laisser de côté pendant encore 10 minutes.

3. Transférez la farine d'avoine aux carottes dans les bols du petit déjeuner et servez-la immédiatement!

4. jouir!

Valeur nutritive : calories 150, lipides 3, glucides 12, sucre 13, fibres 8, protéines 8

Quinoa instantané de petit déjeuner de pot

Portions: 6

Temps de préparation: 10 minutes

Temps de cuisson: 3 minutes

ingrédients:

- 1 et 1/2 tasse de quinoa
- 2 cuillères à soupe de sirop d'érable
- 2 et 1/4 tasse d'eau
- 1/4 c. à thé de cannelle, moulue
- 1/2 c. à thé de vanille
- Une pincée de sel
- Amande tranchée pour servir

Itinéraire:

1. Dans votre pot instantané, mélanger l'eau avec le sirop d'érable, le quinoa, la cannelle, la vanille et le sel.
2. Temps de cuisson : à haute pression pendant 1 minute, laisser 10 minutes de côté pour relâcher la pression, verser dans les bols du petit déjeuner et servir avec des tranches d'amande sur le dessus.
3. jouir!

Valeur nutritive : 120, lipides 10, glucides 12, fibres 4, protéines 5

Délicieux pudding tapioca petit déjeuner

Portions: 6

Temps de préparation: 10 minutes

Temps de cuisson: 8 minutes

ingrédients:

- 1/3 tasse de perles de tapioca, lavées et égouttées
- 1/2 tasse d'eau
- 1/2 tasse de sucre de coco
- 1 et 1/4 tasse de lait d'amande
- Zeste de 1/2 citron

Itinéraire:

1. Mettre les perles de tapioca dans un bol et mélanger avec de l'eau, du sucre, du lait et du zeste de citron.
2. Bien mélanger, transférer cela dans votre pot instantané et le temps de cuisson: sur High pendant 8 minutes.
3. Relâchez la pression, laissez le pudding de côté pendant 10 minutes, versez-le dans les bols du petit déjeuner et servez tout de suite!
4. jouir!

Valeur nutritive : calories 180, lipides 2,5, glucides 39, fibres 0,1, protéines 2,5

Salade de quinoa de petit déjeuner

Temps de préparation: 10 minutes

Temps de cuisson: 20 minutes

Portions: 4

ingrédients:

- 1 oignon jaune, haché
- 3 cuillères à soupe d'huile d'olive
- 1 carotte, hachée
- 2 tasses de champignons, tranchés
- Zeste de 1/2 citron râpé
- 2 cuillères à soupe de jus de citron
- Une pincée de sel et de poivre noir
- 4 gousses d'ail, hachées finement
- 1 tasse de quinoa
- 10 tomates cerises, coupées en deux
- 1 tasse de bouillon de légumes
- 1 cuillère à soupe d'oignons de printemps, hachés

Itinéraire:

1. Réglez votre pot instantané en mode sauté, ajoutez de l'huile, chauffez-la, ajoutez l'oignon et la carotte, remuez et faites sauter pendant 2 minutes.
2. Ajouter les champignons, remuer et cuire le temps : 3 minutes de plus.

3. Ajouter le sel, le poivre, l'ail, le jus de citron et le zeste de citron, le quinoa et le bouillon, remuer et cuire le temps : pendant 1 minute.

4. Ajouter les tomates, couvrir la casserole, le temps de cuisson : à puissance élevée pendant 10 minutes, diviser en bols, saupoudrer l'oignon de printemps sur le dessus et servir froid pour le petit déjeuner.

5. jouir!

Nutrition: calories 179, lipides 2, fibres 3, glucides 18, protéines 7

Gruau de citrouille vegan pot instantané spécial

Portions: 6

Temps de préparation: 10 minutes

Temps de cuisson: 4 minutes

ingrédients:

- 1 et 1/2 tasse d'avoine coupée en acier
- 1 et 1/2 tasse de purée de citrouille
- 4 et 1/2 tasse d'eau
- 1 cuillère à café de piment de la Jamaïc
- 1 cuillère à café de vanille
- 2 cuillères à café de cannelle en poudre
- 1/2 tasse de sucre de coco
- 1/4 tasse de pacanes, hachées
- 1 cuillère à soupe de cannelle
- Lait d'amande pour servir

Itinéraire:

1. Mettez l'eau dans votre pot instantané.
2. Ajouter l'avoine, la purée de citrouille, 2 cuillères à café de cannelle, la vanille et le piment de la Jamaïbe.
3. Remuer, couvrir, cuire le temps: à feu élevé pendant 3 minutes, puis relâchez la pression.
4. Pendant ce temps, dans un bol, mélanger les pacanes avec le sucre et 1 cuillère à soupe de cannelle et bien

mélanger.

5. Saupoudrer de farine d'avoine à la citrouille et servir avec du lait d'amande.

6. jouir!

Valeur nutritive : calories 130, lipides 3, glucides 12, fibres 3, protéines 4, sucre 10

MAINS

urgers de pois chiches au guacamole

Temps de préparation: 20 minutes

Portion: 4

Profitons de ce burger sans viande et c'est le moment idéal pour un burger végétarien guacamole!

ingrédients

Pour le guacamole:

- 1 gros avocat, dénoyauté et pelé
- 1 tomate, hachée
- 1 petit oignon rouge, haché

Pour les burgers:

- 3 (15 oz de pois chiches, égouttés et rincés
- 2 c. à soupe de farine d'amande
- 2 c. à soupe d'avoine à cuisson rapide
- 1/4 tasse de persil frais haché
- 1 c. à soupe de sauce piquante
- 1 gousse d'ail, hachée finement
- 1/4 c. à thé de sel d'ail
- 1/8 c. à thé de poivre noir
- 4 pains à hamburger à grains entiers, fendu

Itinéraire

1. Dans un bol moyen, écraser les avocats et incorporer la

tomate, l'oignon et le persil. réserver.

2. Dans un bol moyen, écraser les pois chiches et incorporer la farine d'amande, l'avoine, le persil, la sauce piquante, l'ail, le sel d'ail et le poivre noir. Mouler 4 galettes du mélange et réserver.

3. Chauffer une poêle à feu moyen et graisser légèrement avec un vaporisateur de cuisson. Temps de cuisson : galettes de haricots des deux côtés jusqu'à ce qu'elles soient dorées et cuites à travers, 10 minutes. Placer chaque galette entre chaque pain à hamburger et garnir de guacamole.

nutrition:

Calories 369 kcal | Graisses 12.7g

Glucides 52.7g

Protéines 15.6g

Hummus & Pizza aux légumes

Temps de préparation: 30 minutes

Portion: 4

Si vous aimez le houmous, vous adorerez cette pizza houmous aux champignons, épinards et olives.

ingrédients

Pour la croûte à pizza :

- 3 1/2 tasses de farine de blé entier
- 1 c. à thé de levure
- 1 c. à thé de sel
- 1 pincée de sucre
- 3 c. à soupe d'huile d'olive
- 1 tasse d'eau chaude

Pour la garniture :

- 1 tasse de houmous
- 10 champignons cremini, tranchés
- 1/2 tasse d'épinards frais
- 1/2 tasse de tomates cerises, coupées en deux
- 1/2 tasse d'olives Kalamata tranchées
- 1/2 oignon moyen, tranché
- 2 c. à thé d'origan séché

Itinéraire

1. Préchauffer le four à 350 F et graisser légèrement une poêle à pizza avec un vaporisateur de cuisson.

2. Dans un bol moyen, mélanger la farine, la levure nutritionnelle, le sel, le sucre, l'huile d'olive et l'eau chaude jusqu'à ce que la pâte lisse se forme. Laisser lever pendant une heure ou jusqu'à ce que la pâte double de taille.

3. Étendre la pâte sur la poêle à pizza et appliquer le houmous sur la pâte. Ajouter les champignons, les épinards, les tomates, les olives, l'oignon et garnir d'origan. Cuire la pizza pendant 20 minutes ou jusqu'à ce que les champignons ramollissent.

4. Retirer du four, laisser refroidir pendant 5 minutes, trancher et servir.

nutrition:

Calories 592

Graisses 19.9g

Glucides 92.5g

Protéines 18g

ingrédients

- 1 c. à soupe d'huile d'olive
- 2 tasses de fleurons de brocoli
- 1 (10 oz de crème de champignons

- 1 tasse de mayonnaise au tofu
- Sel et poivre noir au goût
- 3 c. à soupe de crème de noix de coco
- 1 oignon rouge moyen, haché
- 2 tasses de fromage cheddar râpé à base de plantes
- 3/4 tasse de chapelure de blé entier
- 3 c. à soupe de beurre végétaux, fondu

Itinéraire

1. Préchauffer le four à 350 F.

2. Chauffer l'huile d'olive dans une poêle moyenne et faire revenir les fleurons de brocoli jusqu'à ce qu'ils soient ramollis, 8 minutes.

3. Éteindre le feu et incorporer la soupe aux champignons, la mayonnaise, le sel, le poivre noir, la crème de noix de coco et l'oignon. Étendre le mélange dans la plaque à pâtisserie.

4. Dans un petit bol, mélanger la chapelure avec le beurre végétal et répartir uniformément le mélange sur le dessus. Ajouter le fromage cheddar et cuire la casserole au four jusqu'à ce qu'elle soit dorée sur le dessus et que le fromage fonde.

5. Retirer la casserole du four, laisser refroidir pendant 5 minutes, faire le plat et servir chaud.

nutrition:

Calories 412

Graisses 38.14g

Glucides 13.19g

Protéines 6.57g

Pâtes sans gluten aux haricots blancs et aux légumes d'été

Portions: 4

ingrédients:

- 1 petite aubergine, coupée en carrés 3D de 1 pouce et doucement salée pendant 30 minutes, à ce moment-là tapé sec 1 gousse d'ail, hachée finement
- 1 courgette énorme, coupée
- 1 serait biologique être en mesure de feu mijoté, tomates coupées en dés
- 1 petite canette de sauce tomate naturelle
- 1 c. à thé d'agave
- 1 c. à soupe de basilic séché

- 1 c. à thé d'origan séché
- 1 c. à thé de thym séché
- 1 can(ou 2 tasses de canons nouvellement cuits ou haricots de force navale, épuisés
- 8 oz de riz sec de couleur foncée ou de pâtes au quinoa (rigatoni, linguine et penne sont dans l'ensemble fins

stratégie

1. Chauffer une énorme poêle avec douche à l'huile d'olive ou de noix de coco (ou tout simplement utiliser un couple cuillère à soupe d'eau). Faire sauter l'aubergine avec l'ail jusqu'à ce que l'aubergine soit décente et plus foncée (environ 8 minutes).

2. Ajouter les courgettes et le temps de cuisson: il jusqu'à ce qu'il soit délicat (5 minutes supplémentaires).

3. Ajouter les tomates en conserve, la sauce tomate, l'agave, le basilic, l'origan, le thym. Chaleur à travers. Testez pour aromatiser, et inclure une plus grande quantité de toutes les herbes que vous aimez.

4. Ajouter les haricots blancs et réchauffer toute la sauce. C'est tellement délectable et simple, vous pourriez le manger tout seul comme un « tricheur » ratatouille.

5. Pendant que votre sauce cuit, mettez une casserole d'eau salée à bulles. Inclure les pâtes lorsqu'elles

frappent une bulle en mouvement, et le temps de cuisson : les pâtes jusqu'à ce qu'elles sont délicates mais en même temps un peu encore un peu fermes.

6. Égoutter les pâtes, couvrir de sauce et servir.

7. Les restes se conserveront pendant trois jours dans le coffre à glace.

Casserole de brocoli au fromage

Temps de préparation: 50 minutes

Portion: 4

Vous pouvez faire ce brocoli pendant les vacances ou n'importe quelle occasion. C'est fabuleux et super délicieux.

Curry de courge musquée

Portions: 4

ingrédients:

- 1 cuillère à soupe d'huile de coco dissoute
- 1 oignon blanc ou jaune, piraté
- 1 gousse d'ail, hachée finement
- 1 cuillère à soupe de gingembre neuf, haché finement
- 3 cuillères à soupe de colle au curry rouge
- 1 cuillère à soupe de sucre naturel ou de sucre de coco
- 2/3 tasses de soupe de légumes
- Une noix de coco de 14 ou 15 onces pourrait s'écouler
- 1 cuillère à soupe de sauce soja ou tamari
- 1 carillon vert ou rouge, coupé en deux
- 1 livre de courge musquée
- 2 tasses de haricots verts, coupés en morceaux de 2 »
- 1 à 2 cuillères à soupe de jus de lime

stratégie

1. Chauffer l'huile de coco dans une énorme casserole ou wok. Inclure l'oignon et le temps de cuisson : jusqu'à ce qu'il soit délicat et translucide (5 à 8 minutes).
2. Ajouter l'ail et le gingembre et laisser cuire le temps:

pendant environ un moment. À ce stade, inclure la colle au curry et le sucre. Mélanger les fixations jusqu'à ce que la colle soit uniformément consolidée.

3. Incorporer le bouillon en fouettant, le lait de coco et le tamari. Inclure le poivron rouge et la courge musquée. Ragoût jusqu'à ce que la courge soit absolument délicate (25 à 30 minutes). Sur le hasard que vous devez inclure des jus supplémentaires que le mélange cuit, faire en tant que tel.

4. Incorporer les haricots verts et laisser cuire le temps : pendant quelques minutes, ou jusqu'à ce qu'ils soient délicats. Assaisonner le curry au goût d'une sauce soja ou d'un tamari supplémentaire et incorporer le zeste de lime comme on le souhaitait. Expulser de la chaleur et servir sur du quinoa ou du riz basmati plus foncé.

5. Les restes se conserveront pendant quatre jours.

Parmesan de chanvre

Portions: 1/2 - 2/3 tasse

ingrédients:

- 6 c. à soupe de graines de chanvre
- 6 c. à soupe de levure alimentaire
- Exécuter le sel de l'océan

stratégie

Regroupez toutes les fixations dans un robot nourrissant, et le rythme cardiaque pour séparer et joindre. Conserver dans la glacière jusqu'à environ quatorze jours.

parmesan

Portions: 2

ingrédients:

- 2 courgettes énormes
- 1 poivron rouge, en dés
- 15 tomates cerises, coupées en deux
- 8 énormes feuilles de basilic, en mousseline de soie
- 2 petites patates douces, préparées et ensuite coupées en blocs
- 2 c. à soupe de vinaigre balsamique
- 1 petit avocat, coupé en cubes
- 4 c. à soupe de parmesan de chanvre (formule en dessous

stratégie

1. Utilisez un spiraliseur ou un éplucheur de julienne pour couper les courgettes en longues lanières (en prenant après les nouilles).

2. Jes courgettes avec chaque fixation exceptionnelle, et servir.

Salade de haricots foncés et quinoa avec vinaigrette au cumin rapide

Portions: 4

ingrédients

Pour la plaque de légumes verts mélangés:

- 1 tasse de quinoa sec, lavé
- Exécuter le sel
- 2 tasses de soupe de légumes ou d'eau
- 1/2 concombre énorme, coupé en dés commodément
- 1 petit carillon de poivre, en dés commodément
- 1 peut BPA libre, haricots foncés naturels
- 10-15 feuilles de basilic, piratées dans une chiffonade
  1/4 tasse de coriandre croquante, coupées

Pour la vinaigrette :

- 2 c. à soupe d'huile d'olive vierge supplémentaire
- 1/4 tasse de vinaigre de jus de pomme
- 1 c. à soupe d'agave ou de sirop d'érable
- 1 c. à soupe de moutarde de Dijon
- 1 c. à thé de cumin
- Sel et poivre au goût

stratégie

1. Rincer le quinoa à travers une passoire jusqu'à ce que

l'eau soit claire. Déplacez-le dans une petite ou moyenne casserole mesurée et incluez deux tasses de bouillon de légumes ou d'eau et courez du sel. Chauffer au point d'ébullition, à ce moment-là diminuer à un ragoût. Étendre le pot avec l'objectif que le haut est sur, mais il ya un petit trou où l'eau peut s'échapper. Ragoût jusqu'à ce que le quinoa ait consommé la totalité du liquide et soit doux (environ 15-20 minutes).

2. Transférer le quinoa cuit dans un bol à mélanger. Inclure les légumes piratés, les haricots foncés et les herbes.

3. Fouetter les fixations de vinaigrette. Ajouter la vinaigrette dans l'assiette de légumes verts mélangés et servir. (Dans le cas où vous ne sentez pas que vous avez besoin de tout le pansement, il suffit d'inclure autant que vous préférez.

4. La plaque de légumes verts mélangés se conservera pendant trois jours dans la glacière.

5. Pâtes de courgette avec des tomates cerises, basilic, patate douce, et chanvre

Burgers de patates douces au pois chiches au gingembre

Portions: 4-6 Burgers

ingrédients:

- 3/4 tasse de pois chiches cuits
- 1/2 peu d'oignon
- 1 pouce de gingembre, fendi
- 1 c. à thé d'huile de coco
- 1 1/2 tasse de patate douce, préparée ou cuite à la vapeur et coupée en cubes
- 1/3 tasse de morceaux de quinoa ou d'avoine déplacée sans gluten
- 2 c. à soupe de farine de lin
- 2-3 c. à soupe de jus de lime (au goût
- 2 c. à soupe de tamari à faible teneur en sodium
- 1/4 tasse de coriandre, coupée en deux
- Faire courir des gouttes de poivron rouge (discrétionnaire
- Eau variant

stratégie

1. Préchauffer le poêle à 350 F.
2. Chauffer l'huile de coco dans un énorme récipient ou wok. Faire revenir l'oignon et le gingembre dans 1 c. à thé d'huile de coco (ou éclaboussures d'huile de coco

délicates et parfumées (environ 5 minutes). Inclure les pois chiches et la chaleur à travers.

3. Placer les pois chiches, l'oignon et le gingembre dans un robot culinaire et inclure la patate douce, les croustilles de quinoa ou l'avoine, les graines de lin, le jus de lime, la coriandre, le tamari ou les aminés de noix de coco, et courir de gouttes de poivron rouge, si elles sont en utilisant. Heartbeat pour rejoindre, à ce point exécuter le moteur et inclure un peu d'eau jusqu'à ce que la consistance est exceptionnellement épais mais simple à former.

4. Façonner le mélange en 4-6 burgers. Chauffer à 350 degrés pendant environ 35 minutes, en renversant une partie du chemin à travers.

Burgers aux haricots foncés et au maïs

Portions: 4 Burgers

ingrédients:

- 1 cuillère à soupe d'huile de coco
- 1 petit oignon jaune, fendivé
- 1 tasse de morceaux de maïs naturels croquants, solidifiés ou en conserve
- 1 peut naturel, faible teneur en sodium haricots foncés, épuisés (ou 1/2 tasse de haricots foncés cuits1 tasse de riz plus foncé, cuit
- 1/4 tasse de farine d'avoine (ou moulue, avoine déplacée
- 1/4 tasse de colle de tomate
- 2 c. à thé de cumin
- 1 c. à thé de paprika
- 1 c. à thé de poudre de ragoût
- 1/2 - 1 c. à thé de sel d'océan (au goût
- Poivre foncé ou poivron rouge, au goût

technique

1. Préchauffer votre gril à 350 F.
2. Chauffer l'huile de coco dans un énorme plat sauté. Inclure l'oignon et faire sauter jusqu'à ce que l'oignon soit brillant, délicat et parfumé (environ 5-8 minutes).

3. 2Add maïs, haricots et colle de tomate au récipient et la chaleur à travers.

4. 3Placez le riz cuit dans le bol d'un robot culinaire. Inclure les haricots, l'oignon, la colle de tomate et le mélange de maïs. Heartbeat à rejoindre. Inclure des saveurs, de la farine d'avoine, et un peu d'eau, sur le hasard que vous en avez besoin. Heartbeat plus, jusqu'à ce que vous avez un épais et collant (mais malléableblend. Dans le cas où le mélange est excessivement humide, inclure une cuillère à soupe ou deux de farine d'avoine supplémentaire.

5. 4Shape en 4 hamburgers et repérer les hamburgers sur une feuille de chauffage doublée de papier d'aluminium. Préparer de 25 à 30 minutes, ou jusqu'à ce que les hamburgers soient délicatement croustillants, en feuilletant une fois. Présent avec guacamole croquant, quand vous le vouliez!

Riz cru de chou-fleur avec le citron, la menthe, et les pistaches

Portions: 2

ingrédients:

- 5 tasses de fleurons de chou-fleur bruts
- 1 oz de pistaches
- 1/4 tasse de basilic et de menthe
- 2 c. à thé de citron get-up-and-go
- 1/2 c. à soupe de jus de citron
- 1 c. à soupe d'huile d'olive
- 1/4 tasse de groseilles séchées
- Sel d'océan et poivre foncé au goût

stratégie

1. Transférer 3 tasses de chou-fleur au robot culinaire. Procédure jusqu'à ce que le chou-fleur soit séparé en morceaux de la taille du riz. Passer à un énorme bol de mélange.

2. Transférer 2 tasses de chou-fleur au robot culinaire. Inclure les pistaches. Procédure, par et par, jusqu'à ce que le chou-fleur soit séparé en morceaux estimés de riz. Battre au cœur dans le basilic et la menthe jusqu'à

ce que les herbes soient finement fendillées.

3. Ajouter le chou-fleur, les pistaches et les herbes supplémentaires dans le bol de mélange avec le bouquet principal de chou-fleur. Inclure le jus de citron, l'huile et les écoulements. Assaisonner au goût de sel et de poivre. servir.

Alfredo brut de courgette avec le basilic et les tomates cerises

Portions: 2 (avec le reste de la sauce alfredo

ingrédients:

- pâtes alimentaires
- 2 courgettes énormes
- 1 tasse de tomates cerises, coupées en deux
- 1/4 tasse de basilic, coupé
- Sauce alfredo crue
- 1 tasse de noix de cajou, trempées pendant en tout cas trois heures (ou à moyen terme et épuisé 1/3 tasse d'eau
- 1 c. à thé d'agave ou de sirop d'érable
- 1 gousse d'ail
- 3-4 c. à soupe de jus de citron (au goût
- 1/4 tasse de levure saine
- 1/4 c. à thé de sel d'océan

stratégie

1. Utilisez un spiraliseur ou un éplucheur de julienne pour couper les courgettes en longues lanières (à l'air de nouilles).
2. Ajouter les tomates et le basilic aux nouilles aux courgettes et les mettre avec ou sans dans un énorme

bol de mélange.

3. Mélanger l'intégralité des fixations de sauce alfredo dans un mélangeur rapide jusqu'à consistance lisse.

4. Couvrir les pâtes dans 1/2 tasse de sauce, et bien mélanger, y compris la sauce supplémentaire variant (vous aurez un peu de sauce restante). servir.

Rollatini d'aubergine avec le fromage de noix de cajou

Portions: 4

ingrédients

Pour rollatini:

- 2 aubergines énormes, couper le long chemin en coupes de 1/4 pouce d'épaisseur
- huile d'olive
- 1/4 tasse de noix de cajou, trempées en tout état de cause pendant trois heures (ou à moyen terme et épuisées 1/2 c. à thé de sel d'océan
- 1 petite gousse d'ail, hachée finement (discrétionnaire
- 2 c. à soupe de jus de citron
- 1/3-1/2 tasse d'eau
- 1/4 tasse de levure nourrissante
- 2 tsps de basilic séché
- 1 c. à thé d'origan séché
- Poivre foncé au goût
- 1/2 paquet d'épinards solidifiés, décongelés et écrasés complètement pour évacuer tout fluide d'abondance (j'appuie sur le mien de façon immobile à travers une passoire
- 1/2 tasse de sauce marinara naturelle à faible teneur en sodium

stratégie

1. Préchauffer le poêle à 400 F. Couper les aubergines de loin en lanières d'environ 1/2 po d'épaisseur. Repérer les coupes d'aubergines sur les feuilles de chauffage et bien saupoudrer de sel d'océan ou de sel d'ajustement. Laisser reposer pendant 30 minutes; cela abat la netteté et expulse l'humidité de l'abondance. Tapoter les coupes et les éclabousser ou les badigeonner délicatement d'huile d'olive.

2. Rôtir les coupes d'aubergines jusqu'à ce qu'ils sautent (environ 20 min), en retournant une partie du chemin à travers.

3. Pendant la cuisson de l'aubergine, faire le cheddar de cajou. Placez les noix de cajou, le sel d'océan, l'ail, le citron et 1/3 tasse d'eau dans un robot culinaire. Procédure jusqu'à ce que le mélange est extrêmement lisse et délicat (vous vous concentrez sur une surface comme le cheddar ricotta velouté), s'arrêtant pour gratter le bol vers le bas une couple de fois et y compris un peu d'eau supplémentaire comme essentiel. Arrêtez le moteur et incluez la levure saine, le basilic, l'origan et le poivre foncé. Procédure à nouveau pour fusionner. Déplacer le cheddar de cajou dans un bol et incorporer les épinards fendillés. Mettre le mélange de cheddar

dans un endroit sûr.

4. Retirer l'aubergine mijotée du poêle et diminuer la chaleur à 325 F. Laisser refroidir les coupes jusqu'à ce qu'elles puissent être prises en charge. Déplacez-les sur une planche à découper et incluez environ 3 c. à soupe de mélange de cheddar autant que possible d'un côté. Montez de ce côté, et repéez le pli vers le bas dans un petit plat de goulasch. Rehash avec chaque coupe résiduelle.

5. Étouffer les mouvements de l'aubergine avec de la sauce tomate, et chauffer, révélé, pendant environ 20-25 minutes, ou jusqu'à ce qu'il soit chaud. Présentez-vous avec les côtés de la décision.

Nouilles « Nut » brutes

Portions: 2

ingrédients:

Pour l'habillage:

- 1 cuillère à soupe de gingembre moulu
- 1/2 tasse d'huile d'olive
- 2 c. à thé d'huile de sésame (grillée
- 2 c. à soupe de miso blanc lisse
- 3 dattes, dénoyautées ou 1/4 tasse de sirop d'érable
- 1 c. à soupe de nama shoyu

- 1/4 tasse d'eau

Pour les nouilles:

- 2 courgettes
- 1 poivron rouge, coupé en allumettes
- 1 carotte, moulue
- 1 petit concombre, dénudé en fines lanières
- 1 tasse de pois mange-tout coupés à la vapeur
- 1/4 tasse d'oignons verts ou d'oignons verts piratés

stratégie

1. Mélanger les fixations de pansement dans un mélangeur rapide jusqu'à ce que toutes les fixations soient veloutées et lisses.

2. Utilisez un spiraleur ou un éplucheur de julienne pour couper les courgettes en longues et minces « nouilles ». Mélanger les courgettes avec le poivre, la carotte, le concombre et les échalotes.

3. Habiller les nouilles avec suffisamment de vinaigrette pour bien les couvrir. servir.

Salade de riz et lentilles plus foncée

Portions: 4

ingrédients:

- 2 cuillères à soupe d'huile d'olive
- 1 cuillère à soupe de vinaigre de jus de pomme
- 1 cuillère à soupe de jus de citron
- 1 cuillère à soupe de moutarde de Dijon
- 1/2 c. à thé de paprika fumé
- Sel d'océan et poivre foncé au goût
- 2 tasses de riz de couleur foncée cuit
- 1 15 oz peut naturel, sans lentilles incluses au sodium, rincé, ou 1/tasse de lentilles cuites
- 1 carotte, coupée en dés ou moulue
- 4 c. à soupe de persil croustillant fendivré

technique

1. Fouetter l'huile, le vinaigre, le jus de citron, la moutarde, le paprika, le sel et le poivre ensemble dans un immense bol.
2. Ajouter le riz, les lentilles, la carotte et le persil. Bien mélanger et servir.

Patate douce et chili noir de haricot

Portions: 6

ingrédients:

- 1/2 tasse de haricots foncés séchés
- 4 tasses de patate douce, en dés dans des formes solides de 3/4 pouces
- 1 cuillère à soupe d'huile d'olive
- 1 1/2 tasse d'oignon blanc ou jaune tailladé
- 2 gousses d'ail, hachées finement
- 1 piment chipotle en adobo, coupé finement
- 2 cuillères à café de cumin en poudre
- 1/2 c. à thé de paprika fumé
- 1 cuillère à soupe de poudre de ragoût de haricots moulus
- 1 contenant de 14 ou 15 onces de tomates naturelles coupées en dés (j'aime la marque Muir Glen
- 1 peut naturel, faible teneur en sodium haricots foncés (ou 1/2 tasse de haricots foncés cuits2 tasses soupe de légumes à faible teneur en sodium, sel de mer au goût

stratégie

1. Chauffer la cuillère à soupe d'huile dans un poêle

hollandais ou une énorme casserole. Faire revenir l'oignon pendant quelques instants, à ce moment-là inclure la patate douce et l'ail. Continuer à faire sauter jusqu'à ce que les oignons soient délicats, environ 8-10 minutes.

2. Ajouter le ragoût de haricots en adobo, le cumin, la poudre de ragoût et le paprika fumé. Chaleur jusqu'à ce que les saveurs soient exceptionnellement parfumées. Inclure les tomates, les haricots foncés et la soupe de légumes.

3. Lorsque les jus moussent, diminuer à un ragoût et le temps de cuisson: pendant environ 25-30 minutes, ou jusqu'à ce que les patates douces sont délicates.

4. Ajouter plus de jus différents et assaisonner au goût de sel. servir.

5. Le ragoût supplémentaire peut être solidifié et se conservera jusqu'à cinq jours.

Salade de roquette avec courge musquée rôtie, baies de goji et chou-fleur

Portions: 2

ingrédients

Pour la plaque de légumes verts mélangés:

- 4 tasses d'empilage roquette (ou autre vert
- 1 lb de courge musquée, dépouillée et piratée
- 1 petite tête de chou-fleur, lavée et piratée en petits fleurons
- 2 c. à soupe d'huile de coco ou d'olive
- Sel et poivre de l'océan au goût
- 1/4 tasse de graines de citrouille crues
- 1/4 tasse de baies de goji

Pour l'habillage:

- 3 c. à soupe d'huile d'olive
- 2 c. à soupe d'orange pressée
- 1 c. à soupe de jus de citron
- 1/2 c. à thé de curcuma
- 1/4 c. à thé de gingembre moulu
- 1 c. à soupe d'agave ou de sirop d'érable
- Sel d'océan au goût

technique

1. Ajouter la courge dans 1 c. à soupe d'huile et assaisonner de sel et de poivre. Lancer le chou-fleur dans l'autre cuillère à soupe et assaisonner de sel et de poivre. Griller les deux légumes à 375 degrés pendant 2030 minutes (le chou-fleur sera temps de cuisson: plus rapide), jusqu'à ce que brillant de couleur foncée et parfumée. Expulser du poêle et laisser refroidir.

2. Placer la roquette, les baies de goji et les graines de citrouille dans un énorme bol. Inclure les légumes grillés. Fouetter ensemble l'huile d'olive, le jus de citron, le curcuma, le sirop d'érable ou l'agave, le gingembre et le sel d'océan, et habiller tous les légumes.

3. Répartir la portion de légumes verts mélangés sur deux assiettes et servir.

Riz frit simple et légumes

Portions: 2

ingrédients:

- 2 c. à thé d'huile de sésame grillée
- 1 c. à soupe de gingembre moulu
- 1/2 tasse de riz de couleur foncée cuit
- 2-3 tasses de légumes solidifiés ou nouveaux de décision
- 1 c. à soupe de tamari à faible teneur en sodium
- 1 c. à soupe de vinaigre de riz
- Stock de légumes variant

stratégie

1. Chauffer l'huile de sésame dans un énorme wok. Inclure le gingembre moulu et le réchauffer pendant un moment ou deux.
2. Ajouter le riz et les légumes de couleur foncée. Faire sauter jusqu'à ce que les légumes soient délicats.
3. Ajouter le tamari, le vinaigre de riz et une pincée de soupe de légumes si le mélange est sec. servir.

Salade de pâtes pesto aux légumes mijotés

Portions: 4

ingrédients:

- 3 tasses de courgettes, coupées en morceaux de 3/4 »
- 3 tasses d'aubergines, coupées en morceaux de 3/4 po
- 1 gros jersey ou tomate héritée, fendre
- 2 c. à soupe d'huile d'olive ou d'huile de coco ramollie
- Sel d'océan et poivre foncé au goût
- 8 oz de riz plus foncé ou de pâtes au quinoa (penne et fusilli fonctionnent admirablement
- 1/2 - 2/3 tasse de pesto de pacanes (voir : vinaigrettes

technique

1. Préchauffer votre gril à 400 F.
2. Déposer les courgettes, aubergines et tomates sur deux plaques de chauffage fixes à base de matériaux ou de papier d'aluminium et prendre une douche avec l'huile d'olive ou de noix de coco. Enrober les légumes d'huile et de légumes à vaisselle pendant trente minutes, ou jusqu'à ce qu'ils soient délicats et carmélites.
3. Pendant que les légumes cuisinent, porter une casserole d'eau salée à bulles. Inclure les pâtes et le temps de cuisson : jusqu'à ce qu'ils restent un peu fermes (comme indiqué dans les directives du paquet).

Canaliser les pâtes et les mettre de côté dans un immense bol de mélange.

4. Ajouter les légumes mijotés et les pâtes. Incorporer le pesto, assaisonner au goût et servir sur le double.

Portobello « Steak » et chou-fleur « purée de pommes de terre »

Portions: 4

ingrédients:

Pour les champignons:

- 1/4 tasse d'huile d'olive
- 3 c. à soupe de vinaigre balsamique
- 3 c. à soupe de tamari à faible teneur en sodium ou de nama shoyu
- 3 c. à soupe de sirop d'érable
- Saupoudrer de poivre
- 4 dessus de champignons portobello, nettoyés
- Submerger 4 dessus Portobello dans la marinade. 1 heure sera suffisante pour qu'ils soient préparés, mais à moyen terme dans le réfrigérateur est de loin supérieure.

Pour la purée de pommes de terre au chou-fleur:

- 1 tasse de noix de cajou, brut
- 4 tasses de chou-fleur, coupées en petits fleurons et en

morceaux

- 2 c. à soupe de miso blanc lisse
- 3 c. à soupe de levure alimentaire
- 2 c. à soupe de jus de citron
- Sel d'océan et poivre foncé au goût
- 1/3 tasse (ou moins d'eau

stratégie

1. Placez les noix de cajou dans le bol de votre robot culinaire et transformez-les en poudre fine.

2. Ajouter le miso, le jus de citron, la levure santé, le poivre et le chou-fleur. Heartbeat à rejoindre. Avec le moteur de la machine en marche, inclure de l'eau dans un streamin fragile., jusqu'à ce que le mélange commence à prendre une surface lisse et fouettée. Vous devrez peut-être arrêter de temps en temps pour nettoyer les côtés du bol et l'aider le long.

3. Lorsque le mélange ressemble à des pommes de terre en purée, arrêtez, scoop, et servir à proximité d'un dessus Portobello.

Quinoa Enchiladas

Ajusté à partir d'une formule dans Food52

Portions: 6

ingrédients:

- 1 c. à soupe d'huile de coco
- 2 gousses d'ail, hachées finement
- 1 petit oignon jaune, fendivé
- 3/4 livres de champignons bella infantiles, piratés
- 1/2 tasse de ragoûts de haricots verts en dés
- 1/2 c. à thé de cumin moulu
- 1/4 c. à thé de sel d'océan (ou au goût
- 1 peut les haricots foncés naturels et à faible teneur en sodium ou 1/2 tasse de haricots foncés cuits
- 1/2 tasse de quinoa cuit
- 10 tortillas de maïs de 6 pouces
- 1/4 tasse de tomate naturelle à faible teneur en sodium ou sauce enchilada

technique

1. Préchauffer le gril à 350 degrés.
2. Dans une énorme casserole à feu moyen, chauffer l'huile de coco. Faire revenir l'oignon et l'ail jusqu'à ce que l'oignon soit translucide (environ 5-8 min). Inclure les champignons et le temps de cuisson : jusqu'à ce que

le liquide ait été déchargé et disparai (encore 5 minutes).

3. Ajouter les ragoûts de haricots dans la casserole et leur donner un mélange pendant 2 minutes. Inclure le cumin, le sel d'océan, les haricots foncés et le quinoa, et continuer à réchauffer le mélange jusqu'à ce qu'il soit totalement chaud.

4. Étendre une couche fragile (1/2 tasse de marinara ou de sauce enchilada à la base d'un plat de goulasch. Repérez 33 % d'une tasse de quinoa dans le point focal d'une tortilla de maïs et déplacez-la vers le haut. Repérez la tortilla, pliez vers le bas, dans le plat de goulasch. Rehash avec chaque tortilla exceptionnelle et ensuite les étendre avec 3/4 tasse de sauce supplémentaire. Chauffer pendant 25 minutes et servir.

Sandwich aux aubergines

Temps de préparation: 30 minutes

Temps de cuisson: 30 minutes

Portions: 2

ingrédients:

- 1 aubergine, tranchée
- 2 cuillères à café de persil, séché
- Sel et poivre noir au goût
- 1/2 tasse de chapelure végétalienne
- 1/2 cuillère à café d'assaisonnement italien
- 1/2 cuillère à café de poudre d'ail
- 1/2 c. à thé de poudre d'oignon
- 2 cuillères à soupe de lait d'amande
- 4 tranches de pain végétalien
- Antiadhésif
- 1/2 tasse de mayo d'avocat
- 3/4 tasse de sauce tomate
- Une poignée de basilic, haché

Itinéraire:

1. Assaisonner les tranches d'aubergine de sel et de poivre, laisser de côté pendant 30 minutes, puis bien les sécher.

2. Dans un bol, mélanger le persil avec la chapelure,

l'assaisonnement italien, l'oignon et la poudre d'ail, le sel et le poivre noir et remuer.

3. Dans un autre bol, mélanger le lait avec la mayo végétalienne et bien mélanger.

4. Badigeonner les tranches d'aubergine avec le mélange de mayo, les tremper dans le mélange de chapelure, les placer sur une plaque à pâtisserie tapissée, vaporiser d'huile de cuisson, introduire une plaque à pâtisserie dans le panier de votre friteuse à air et le temps de cuisson: ils à 400 degrés F pendant 15 minutes, les retourner à mi-chemin.

5. Badigeonner chaque tranche de pain d'huile d'olive et en disposer 2 sur une surface de travail.

6. Ajouter les tranches d'aubergine cuites au four, étendre la sauce tomate et le basilic et garnir des autres tranches de pain, côté graissé vers le bas.

7. Répartir entre les assiettes et servir.

8. jouir!

Nutrition: calories 324, lipides 16, fibres 4, glucides 19, protéines 12

Burgers de pois chiches

Temps de préparation: 10 minutes

Temps de cuisson: 20 minutes

Portions: 2

ingrédients:

- 12 onces de pois chiches en conserve, égouttés et écrasés
- 2 cuillères à café de moutarde
- Sel et poivre noir au goût
- 3 cuillères à soupe d'oignon, haché
- 4 cuillères à café de sauce tomate
- 8 croustilles de cornichons à l'aneth

Itinéraire:

1. Dans un bol, mélanger les pois chiches avec le sel, le poivre, la sauce tomate, l'oignon et la moutarde et bien mélanger.

2. Divisez-le en 4 morceaux, aplatissez-les, garnissez chacun de croustilles de cornichons à l'aneth, placez les hamburgers dans le panier de votre friteuse à air et le temps de cuisson : à 370 degrés F et temps de cuisson : pendant 20 minutes, en les renversant au bout de 10 minutes.

3. Répartir les hamburgers sur des pains végétaliens et

servir.

4. jouir!

Nutrition: calories 251, lipides 5, fibres 7, glucides 12, protéines 4

Salade végétarienne

Temps de préparation: 10 minutes

Temps de cuisson: 15 minutes

Portions: 6

ingrédients:

- 1 poivron vert, coupé en morceaux moyens
- 1 poivron orange, coupé en morceaux moyens
- 1 courgette, tranchée
- 1 poivron rouge, coupé en morceaux moyens
- Sel et poivre noir au goût
- 1 courge jaune, hachée
- 1 oignon rouge, haché grossièrement
- 4 onces de champignons bruns, coupés en deux
- 1 cuillère à café d'assaisonnement italien
- 1 tasse de tomates cerises, coupées en deux

- 1/2 tasse d'olives kalamata, coupées en deux
- 3 cuillères à soupe de vinaigre balsamique
- 2 cuillères à soupe de basilic, haché
- 1/4 tasse d'huile d'olive

Itinéraire:

1. Dans un bol, mélanger tous les poivrons avec la courge, les courgettes, les champignons, l'oignon, la moitié de l'huile d'olive, le sel, le poivre et l'assaisonnement italien, mélanger pour enrober, transférer à la friteuse, temps de cuisson: à 380 degrés F pendant 15 minutes et les secouer à mi-chemin.

2. Dans un bol, mélanger les légumes avec les olives, les tomates, le sel, le poivre, le vinaigre et le reste de l'huile, mélanger pour les enrober et les conserver au réfrigérateur jusqu'à ce que vous servez.

3. Saupoudrer le basilic sur le dessus, répartir entre les assiettes et servir.

4. jouir!

Nutrition: calories 260, lipides 8, fibres 4, glucides 14, protéines 15

Mélange de pommes de terre aromatisées faciles

Temps de préparation: 10 minutes

Temps de cuisson: 25 minutes

Portions: 2

ingrédients:

- 4 pommes de terre, tranchées finement
- 2 cuillères à soupe d'huile d'olive
- 1 bulbe de fenouil, tranché finement
- 1 cuillère à soupe d'aneth, hachée
- 8 tomates cerises, coupées en deux
- Sel et poivre noir au goût

Itinéraire:

1. Préchauffer votre friteuse à 365 degrés F et ajouter l'huile.

2. Ajouter les tranches de pommes de terre, le fenouil, l'aneth, les tomates, le sel et le poivre, mélanger, couvrir et cuire le temps : pendant 25 minutes.

3. Répartir le mélange de pommes de terre entre les assiettes et servir.

4. jouir!

Nutrition: calories 240, lipides 3, fibres 2, glucides 5, protéines 12

CÔTÉS ET SALADES

Stir-Fry Verts

Temps de préparation: 30 minutes

Portions: 2

ingrédients

- Brocoli à longue tige : 1 tasse
- Chou frisé: 1 tasse
- Huile d'olive: 1 c. à soupe
- Pois: 1 tasse
- Sel : selon vos goûts
- Paprika fumé : 1/2 c. à thé

Itinéraire:

1. Prendre une casserole et chauffer l'huile d'olive
2. Prendre un bol et ajouter le brocoli, les pois, le sel, le paprika et bien mélanger et ajouter à la poêle
3. Faire frire à feu doux pendant 20 minutes et retourner entre
4. Ajouter le chou frisé dans les dernières minutes
5. Servir comme salade avec le plat principal

nutrition:

Glucides: 21.5g

Protéines: 9.4g

Matières grasses: 9.55g

Calories: 127.2Kcal

Lait de riz

Houmous de poivron rouge

Temps de préparation: 10 minutes

Portions : 4 comme plat d'accompagnement

ingrédients

- Pois chiches : 2 tasses peuvent être rincées et égouttées
- Poivron rouge : 1 tasse en dés
- Tahini: 3 c. à soupe
- Ail: 1 gousse
- Citron: 2 c. à soupe
- Huile d'olive extra vierge : 3 c. à soupe, plus plus à servir
- Sel : selon vos besoins
- Poivre de Cayenne: 1 c. à thé

Itinéraire:

1. Mélanger le poivron rouge, les pois chiches, le tahini, l'huile d'olive, le sel et l'ail dans un mélangeur
2. Ajouter le jus de citron et mélanger
3. Ajouter au bol de service et garnir d'huile d'olive supplémentaire et de poivre de Cayenne

nutrition:

Glucides: 27.1g

Protéines: 9.8g

Graisses: 18.7g

Calories: 302Kcal

Mélange simple de pois

Temps de préparation: 5minutes

Portions: 2

ingrédients

- Pois congelés : 1 tasse peut être lavée et égouttée
- Sel : selon vos goûts
- Poivre : selon vos goûts
- Crème de noix de cajou : 1/2 tasse

Itinéraire:

1. Mélanger tous les ingrédients
2. Servir comme plat d'accompagnement

nutrition:

Glucides: 10g

Protéines: 5g

Graisses: 6.5g

Calories: 133Kcal

Bol de légume d'arc-en

Temps de préparation: 25 minutes

Portions: 4

ingrédients

- Poivron rouge: 1
- Poivron jaune: 1
- Paprika fumé : 1/2 c. à thé
- Pommes de terre: 3 moyennes
- Champignons: 8 oz
- Oignon jaune: 1
- Courgettes: 1
- Poudre de cumin : 1/2 c. à thé
- Poudre d'ail : 1/2 c. à thé
- Sel et poivre : selon vos goûts
- Huile de cuisson : 2 c. à soupe (facultatif

Itinéraire:

1. Chauffer une grande casserole à feu moyen, ajouter l'huile et mettre les pommes de terre tranchées
2. Temps de cuisson : les pommes de terre jusqu'à ce qu'elles changent de couleur
3. Couper le reste des légumes et ajouter toutes les épices
4. Cuit jusqu'à ce que les légumes soient ramollis

nutrition:

Glucides: 29.9g

Protéines: 5.9g

Graisses: 10g

Calories: 227 Kcal

Houmous vert épinards

Temps de préparation: 10 minutes

Portions : 4 comme plat d'accompagnement

ingrédients

- Pois chiches : 2 tasses égouttées et rincées
- Épinards: 1 tasse
- Pistaches: 1 tasse finement déchiquetée
- Tahini: 3 c. à soupe
- Ail: 1 gousse
- Jus de citron: 2 c. à soupe
- Sel : selon vos besoins
- Graines de sésame : 1/2 c. à thé
- Eau: 3 c. à soupe

Itinéraire:

1. Mélanger les épinards, les pois chiches, le tahini, l'eau, le sel et l'ail dans un mélangeur
2. Ajouter le jus de citron et mélanger
3. Ajouter au bol de service et garnir de graines de sésame

et de pistaches

nutrition:

Glucides: 34.2g

Protéines: 16.9g

Graisses: 22.7g

Calories: 295Kcal

Pommes de terre chili rôties

Temps de préparation: 35 minutes

Portions: 2

ingrédients

- Huile d'olive: 1 c. à soupe
- Pommes de terre : 2 tasses coupées comme des frites
- Sel : selon vos goûts
- Poivre : selon vos goûts
- Flocons de piment rouge : 1 c. à thé

Itinéraire:

1. Préchauffer le four 200C
2. Ajouter les pommes de terre à la plaque à pâtisserie et saupoudrer d'assaisonnement et badigeonner d'huile d'olive
3. Rôtir pendant 25 minutes jusqu'à ce qu'il soit doré et tendre

4. Retirer du four et saupoudrer de flocons de piment rouge

5. Servir comme plat d'accompagnement

nutrition:

Glucides: 26 g

Protéines: 3g

Graisses: 7.2g

Calories: 178Kcal

Temps de préparation : 20 minutes plus trempage pendant la nuit

Portions: 400ml

ingrédients

- Riz: 250g
- Sirop d'érable : 2 c. à thé
- Eau: 500 ml

Itinéraire:

1. Faire griller légèrement le riz dans la poêle et tremper toute la nuit dans 250ml d'eau

2. Ajouter le sirop d'érable, le riz et 250 ml d'eau au mélangeur et mélanger jusqu'à consistance lisse

3. Filtrer et jeter la purée

4. Agiter avant de servir

nutrition:

Glucides: 7.5g

Protéines: 0.4g

Graisses: 0.1g

Calories: 33Kcal

SOUPES ET RAGOÛTS

Soupe au lait de coco au riz Basmati

Temps de préparation: 10 MinutesServings: 6

ingrédients:

- 3 tasses de riz basmati brun cuit
- 1 pomme de terre 1sweet, pelée et en dés
- 1 (13 onces de lait de coco
- 1 poivron poivré, épépiné et haché
- 1 oignon, haché
- 4 tasses de bouillon de légumes
- Poudre de cari 1tablespoon
- 1/2teaspoon poivre de Cayenne, ou au goût
- Clous de girofle 3garlic, hachés finement
- 11/2 tasses de pois chiches cuits
- 2teaspoons de gingembre frais râpé
- 1teaspoon coriandre moulue
- 1Apple, pelé, évidé et haché
- 2tablespoons jus de citron frais
- Sel et poivre noir
- 1 poivron vert, épépiné et haché

Itinéraire:

1. Dans votre pot instantané, ajouter le gingembre, l'ail et l'oignon et jes pendant une minute.

2. Ajouter les épices et les légumes. Ajouter le reste des ingrédients et bien mélanger.

3. Couvrir et cuire le temps : pendant environ 5 minutes.

4. Transférer le mélangeur dans un mélangeur et mélanger jusqu'à consistance lisse.

5. Servir chaud.

Soupe indienne rouge de lentilles fendue

Temps de préparation : 5 minutes Temps de cuisson : 50 minutes Portions : 4

ingrédients

- 1 tasse de lentilles fendue rouge
- 2 tasses d'eau
- 1 cuillère à café de curry en poudre plus 1 cuillère à soupe, divisée, ou 5 graines de coriandre (facultatif
- 1 cuillère à café d'huile de coco, ou 1 cuillère à soupe d'eau ou de bouillon de légumes
- 1 oignon rouge, en dés
- 1 cuillère à soupe de gingembre frais haché
- 2 tasses de patate douce pelée et coupée en cubes
- 1 tasse de courgettes tranchées
- Poivre noir fraîchement moulu
- Sel de mer
- 3 à 4 tasses de bouillon de légumes ou d'eau
- 1 à 2 cuillères à café d'huile de sésame grillée
- 1 botte d'épinards, hachés
- Graines de sésame grillées

Itinéraire

1. Préparation des ingrédients.

2. Mettre les lentilles dans une grande casserole avec 2 tasses d'eau, et 1 cuillère à café de la poudre de cari. Porter les lentilles à ébullition, puis réduire le feu et laisser mijoter, à couvert, pendant environ 10 minutes, jusqu'à ce que les lentilles soient tendres.

3. Pendant ce temps, chauffer une grande casserole à feu moyen. Ajouter l'huile de coco et faire revenir l'oignon et le gingembre jusqu'à ce qu'ils soient tendres, environ 5 minutes. Ajouter la patate douce et la laisser sur le feu environ 10 minutes pour ramollir légèrement, puis ajouter les courgettes et le temps de cuisson: jusqu'à ce qu'elle commence à paraître brillante, environ 5 minutes. Ajouter le reste de 1 cuillère à soupe de curry en poudre, le poivre et le sel, et remuer les légumes pour les enrober.

4. Ajouter le bouillon de légumes, porter à ébullition, puis baisser pour laisser mijoter et couvrir. Laisser les légumes cuire lentement Le temps de cuisson: pendant 20 à 30 minutes, ou jusqu'à ce que la patate douce soit tendre.

5. Ajouter les lentilles entièrement cuites à la soupe. Ajouter une autre pincée de sel, l'huile de sésame grillée et les épinards. Remuer, en permettant aux épinards de flétrir avant de retirer la casserole du feu.

6. Servir garni de graines de sésame grillées.

Nutrition: Calories: 319; Protéines: 16g; Graisse totale: 8g; Glucides: 50g; Fibre: 10g

Bouillon de légumes rôtis

Temps de préparation : 5 minutes Temps de cuisson : 1 heure 30 minutes • Portions : Environ 6 tasses

ingrédients

- 1 gros oignon, tranché en tranches épaisses
- 2 grosses carottes, hachées
- 1 côte de céleri, hachée
- 1 grosse pomme de terre, non pelée et hachée
- 3 gousses d'ail, non pelées et écrasées
- 2 cuillères à soupe d'huile d'olive
- Sel et poivre noir fraîchement moulu
- 8 tasses d'eau
- 1/2 tasse de persil frais haché grossièrement
- 2 feuilles de laurier
- 1/2 c. à thé de grains de poivre noir
- 1 cuillère à soupe de sauce soja

Itinéraire

1. Préchauffer le four à 425 °F. Dans un moule légèrement huilé de 9 x 13 pouces, déposer l'oignon, les carottes, le céleri, la pomme de terre et l'ail. Arroser d'huile et saupoudrer de sel et de poivre au goût. Rôtir les légumes jusqu'à ce qu'ils soient légèrement dorés, en les retournant une fois, environ 30 minutes au total. Réserver pendant 10 minutes pour refroidir légèrement.

2. Placer les légumes rôtis dans une grande casserole. Ajouter l'eau, le persil, les feuilles de laurier, les grains de poivre, la sauce soja et le sel au goût. Porter à ébullition, puis réduire le feu à doux et laisser mijoter, à découvert, jusqu'à ce que le bouillon a légèrement diminué et est d'une couleur dorée profonde, environ 1 heure.

Réserver pour refroidir, puis filtrer à travers un tamis à mailles fines dans un grand bol ou une casserole, en appuyant contre les solides avec le dos d'une cuillère pour libérer tout le liquide. Jeter les solides. Refroidir complètement le bouillon, puis les en partie dans des contenants bien couverts et réfrigérer jusqu'à 4 jours ou congeler jusqu'à 3 mois

Soupe kombu aux champignons tofu

Temps de préparation: 10 MinutesServings: 4

ingrédients:

- 1pound chou, tranché finement
- 8ounces tofu extra-ferme, coupé en dés de 1/2 pouce
- 4cups d'eau
- 4ounces champignons shiitake, tranchés
- 1 (1 pouce de gingembre frais pelé)
- 1/2 tasse de sauce soja
- 1ounce champignons enoki, coupés
- Légume de mer kombu de 1(3 pouces)
- 1 puant échalotes, tranchées
- 2ounces nouilles cellophane
- 1/2cup mirin
- 1 carrot, tranché
- sel
- 8ounces seitan, tranché

Itinéraire:

1. Dans votre pot instantané, ajouter le gingembre, l'eau, la sauce soja, le kombu et le mirin.
2. Bien mélanger et cuire le temps : pendant 2 minutes.
3. Jeter le gingembre et le kombu et ajouter le reste des ingrédients.

4. Bien mélanger et couvrir avec le couvercle.

5. Temps de cuisson: pendant 5 minutes avec le couvercle sur.

6. Utilisez un mélangeur à main pour bien mélanger.

7. Servir chaud.

Soupe de nouilles de riz

Temps de préparation: 10 MinutesServings: 4

ingrédients:

- 8ounces nouilles de riz séchées
- 6 tasses de bouillon de légumes
- 11/2tablespoons de jus de lime frais
- Clous de girofle de 3whole
- Pâte de miso d'orge 2tablespoons
- Anis d'étoile de 3whole
- 1fresh gingembre, haché finement
- 1 oignon jaune de l'achois, haché finement
- Clous de girofle 3garlic, hachés finement
- 6ounces seitan, tranché
- Sauce hoisin 3tablespoons
- Sauce soja 3tablespoons

Itinéraire:

1. Dans un chiffon, ajouter le gingembre, les clous de girofle, l'anis étoilé et l'attacher fermement.
2. Ajouter tous les ingrédients dans votre pot instantané.
3. Ajouter le tissu de gingembre dans la casserole.
4. Couvrir avec le couvercle et le temps de cuisson : pendant 7 minutes.
5. Jeter le tissu de gingembre et servir chaud.

Bouillon de légumes légers

Temps de préparation: 10 Minutes

Temps de cuisson: Temps:1 Heure 30 Minutes Portions:
Environ 6 tasses

ingrédients

- 1 cuillère à soupe d'huile d'olive
- 2 oignons moyens, en quart
- 2 carottes moyennes, hachées
- 1 côte de céleri, hachée
- 2 gousses d'ail, non pelées et écrasées
- 8 tasses d'eau
- 2 cuillères à café de sauce soja
- 1/3 tasse de persil frais haché grossièrement
- 1 feuille de laurier
- 1 cuillère à café de sel
- 1/2 c. à thé de grains de poivre noir

Itinéraire

1. Dans une grande casserole, chauffer l'huile à feu moyen. Ajouter les oignons, les carottes, le céleri et l'ail. Couvrir et cuire le temps : jusqu'à ce qu'ils soient ramollis, environ 10 minutes. Incorporer l'eau, la sauce soja, le persil, la feuille de laurier, le sel et les grains de poivre. Porter à ébullition, puis réduire le feu à doux et

laisser mijoter, à découvert, pendant 11/2 heures.

2. Réserver pour refroidir, puis filtrer à travers un tamis à mailles fines dans un grand bol ou une casserole, en appuyant contre les solides avec le dos d'une cuillère pour libérer tout le liquide. Jeter les solides. Refroidir complètement le bouillon, puis les laisser en partie dans des contenants bien couverts et réfrigérer jusqu'à 4 jours ou congeler jusqu'à 3 mois.

SAUCES ET CONDIMENTS

Beurre de citrouille

Temps de préparation: 30 Minutes Portions: 2 Tasses

ingrédients:

- 1 15 onces de citrouille pure
- 1 cuillère à soupe de jus de citron
- 1/4 c. à thé de cannelle
- 1/8 c. à thé de clous de girofle moulus
- 1/4 tasse de sirop d'érable ou d'agave
- 2/3 tasse de sucre de coco, de sucre muscovado ou de sucre d'érable
- 1 tasse d'eau- Pour le fond du pot instantané

Itinéraire:

1. Dans un bol allant au four, mélanger la citrouille, le jus de citron, la cannelle, les clous de girofle et le sirop ou l'agave.

2. Ajouter le sucre de coco ou d'autres sucres et couvrir le bol de papier d'aluminium.

3. Placer la grille à vapeur dans la casserole instantanée et remplir d'eau.

4. Déposer le bol sécuritaire du four sur la grille à

vapeur. Sur réglage manuel, temps de cuisson :
pendant 25 minutes à haute pression.

5. Relâchez rapidement ou laissez la pression se dissoudre
   d'elle-même.

6. Retirer le papier d'aluminium et remuer. Ajouter plus
   d'épices si nécessaire.

7. Pour un beurre plus épais, retirer la grille à vapeur et
   dans la casserole instantanée vide, verser le contenu et
   faire sauter à faible réglage, en remuant de temps en
   temps jusqu'à ce qu'il épaississe.

8. Utiliser comme tartinade pour les pains, les crêpes ou la
   garniture de farine d'avoine. jouir!

Sauce végétalienne

Temps de préparation: 5 MinutesServings: 1 3/4 tasses
ingrédients:

- Extrait de levure 2tablespoons
- 2tablespoons de sel
- 11/2 tasses de bouillon végétarien
- 2tablespoons vegan gravy browner

Itinéraire:

1. Dans un bol, mélanger la levure, le bouillon végétarien
   et le sel.

2. Bien mélanger et ajouter la sauce plus brune.

3. Bien mélanger et conserver dans un récipient.

Nacho Kale Chips

Temps de préparation: 10 minutes

Temps de cuisson: 14 heures

Portions: 10

ingrédients:

- 2 bouquets de chou frisé bouclé
- 2 tasses de noix de cajou, trempées, égouttées
- 1/2 tasse de poivron rouge haché
- 1 cuillère à café de poudre d'ail
- 1 cuillère à café de sel
- 2 cuillères à soupe de poudre de piment rouge
- 1/2 c. à thé de paprika fumé
- 1/2 tasse de levure nutritionnelle
- 1 cuillère à café de cayenne
- 3 cuillères à soupe de jus de citron
- 3/4 tasse d'eau

Itinéraire:

1. Placer tous les ingrédients sauf le chou frisé dans un robot culinaire et pulser pendant 2 minutes jusqu'à consistance lisse.

2. Déposer le chou frisé dans un grand bol, verser le mélange mélangé, mélanger jusqu'à ce qu'il soit enrobé et déshydrater pendant 14 heures à 120 degrés F jusqu'à ce qu'il soit croustillant.

3. Si le déshydrateur n'est pas disponible, étendre le chou frisé entre deux plaques à pâtisserie et cuire au four pendant 90 minutes à 225 degrés F jusqu'à ce qu'il soit croustillant, en retournant à mi-chemin.

4. Une fois terminé, laisser refroidir les croustilles pendant 15 minutes, puis servir.

nutrition:

Calories: 191 Cal

Matières grasses: 12 g

Glucides: 16 g

Protéines: 9 g

Fibre: 2 g

Salsa rouge

Temps de préparation: 10 minutes

Temps de cuisson: 0 minute

Portions: 8

ingrédients:

- 30 onces de tomates rôties au feu coupées en dés
- 4 cuillères à soupe de piments verts en dés
- 1 piment jalapeño moyen, éventré
- 1/2 tasse d'oignon vert haché
- 1 tasse de coriandre hachée
- 1 cuillère à café d'ail haché
- 1/2 cuillère à café de sel de mer
- 1 cuillère à café de cumin moulu
- 1/4 c. à thé de stévia
- 3 cuillères à soupe de jus de lime

Itinéraire:

1. Placer tous les ingrédients dans un robot culinaire et traiter pendant 2 minutes jusqu'à consistance lisse.
2. Verser la salsa dans un bol, goûter pour ajuster l'assaisonnement, puis servir.

nutrition:

Calories: 71 Cal

Matières grasses : 0,2 g

Glucides: 19 g

Protéines: 2 g

Fibre: 4.1 g

Houmous de tomate

Temps de préparation: 5 minutes

Temps de cuisson: 0 minute

Portions: 4

ingrédients:

- 1/4 tasse de tomates séchées au soleil, sans huile
- 1 1/2 tasse de pois chiches cuits
- 1 cuillère à café d'ail haché
- 1/2 c. à thé de sel
- 2 cuillères à soupe d'huile de sésame
- 1 cuillère à soupe de jus de citron
- 1 cuillère à soupe d'huile d'olive
- 1/4 tasse d'eau

Itinéraire:

1. Placer tous les ingrédients dans un robot culinaire et traiter pendant 2 minutes jusqu'à consistance lisse.
2. Verser le houmous dans un bol, arroser de plus d'huile, puis servir tout de suite.

nutrition:

Calories: 122.7 Cal

Matières grasses : 4,1 g

Glucides: 17,8 g

Protéines: 5.1 g

Fibre: 3.5 g

Hummus Quesadillas

Temps de préparation: 5 minutes

Temps de cuisson: 15 minutes

Portions: 1

ingrédients:

- 1 tortilla, blé entier
- 1/4 tasse de poivrons rouges rôtis en dés
- 1 tasse d'épinards
- 1/3 c. à thé d'ail haché
- 1/4 c. à thé de sel
- 1/4 c. à thé de poivre noir moulu
- 1/4 c. à thé d'huile d'olive
- 1/4 tasse de houmous
- Pétrole au besoin

Itinéraire:

1. Déposer une grande casserole à feu moyen, ajouter l'huile et, lorsqu'elle est chaude, ajouter les poivrons rouges et l'ail, assaisonner de sel et de poivre noir et cuire le temps : pendant 3 minutes jusqu'à ce qu'ils soient sautés.

2. Incorporer ensuite les épinards, le temps de cuisson : pendant 1 minute, retirer la poêle du feu et transférer le

mélange dans un bol.

3. Préparer la quesadilla et pour cela, étendre le houmous sur la moitié de la tortilla, puis étendre le mélange d'épinards sur elle, couvrir la garniture avec l'autre moitié de la tortilla et le temps de cuisson: dans une casserole pendant 3 minutes de chaque côté jusqu'à ce qu'il soit doré.

4. Une fois terminé, couper la quesadilla en quartiers et servir.

nutrition:

Calories: 187 Cal

Matières grasses: 9 g

Glucides: 16.3 g

Protéines: 10.4 g

Fibre: 0 g

Champignons marinés

Temps de préparation: 10 minutes

Temps de cuisson: 7 minutes

Portions: 6

ingrédients:

- 12 onces de petits champignons bouton
- 1 cuillère à café d'ail haché
- 1/4 c. à thé de thym séché
- 1/2 c. à thé de sel de mer
- 1/2 c. à thé de basilic séché
- 1/2 c. à thé de flocons de poivron rouge
- 1/4 c. à thé d'origan séché
- 1/2 c. à thé de sirop d'érable
- 1/4 tasse de vinaigre de cidre de pomme
- 1/4 tasse et 1 cuillère à café d'huile d'olive
- 2 cuillères à soupe de persil haché

Itinéraire:

1. Prendre une poêle, la placer à feu moyen-vif, ajouter 1 cuillère à café d'huile et lorsqu'elle est chaude, ajouter les champignons et le temps de cuisson: pendant 5 minutes jusqu'à ce qu'ils soient dorés.

2. Pendant ce temps, préparer la marinade et pour cela, placer le reste des ingrédients dans un bol et fouetter jusqu'à ce qu'ils soient combinés.

3. Lorsque les champignons ont cuit, les transférer dans le bol de marinade et mélanger jusqu'à ce qu'ils soient bien enrobés.

4. Servir tout de suite

nutrition:

Calories: 103 Cal

Matières grasses: 9 g

Glucides: 2 g

Protéines: 1 g

DESSERT ET BOISSONS

Gâteau au fromage aux canneberges

Temps de préparation: 35 MinutesServings: 8

ingrédients:

- 2 lb de yogourt de soja
- 2 tasses de sucre
- 4 c. à soupe de graines de lin mélangées à 3/4 tasse d'eau chaude
- 2 c. à thé de zeste de citron
- 1 c. à thé d'extrait de citron
- 1/2 c. à thé de sel
- 1 croûte à tarte, sans produits laitiers

Pour la garniture :

- 7 oz de canneberges séchées
- 2 c. à soupe de confiture de canneberges
- 2 c. à thé de zeste de citron
- 1 c. à thé de sucre vanillé
- 1 c. à thé d'extrait de canneberge
- 3/4 tasse d'eau tiède

Itinéraire:

1. Préchauffer le four à 350 degrés. Dans un grand bol, mélanger le yogourt de soja, le sucre, le mélange de graines de lin, le zeste de citron, l'extrait de citron et le sel. À l'aide d'un mélangeur électrique, bien battre à

feu doux jusqu'à ce qu'il soit combiné.

2. Graisser une poêle à forme de ressort de taille moyenne avec un peu d'huile. Y déposer la croûte et verser la garniture. Aplatir la surface à l'aide d'une spatule. Laisser au réfrigérateur environ 30 minutes.

3. Pendant ce temps, préparer la garniture. Dans une petite casserole, mélanger les canneberges avec la confiture de canneberges, le zeste de citron, le sucre vanillé, l'extrait de canneberge et l'eau. Porter à ébullition et laisser mijoter pendant 15 minutes à feu moyen-doux. Vous pouvez ajouter une cuillère à café de fécule de maïs, mais c'est facultatif.

4. Remplissez votre pot instantané avec 1/2 pouce d'eau et placez le trivet dans le fond. Mettre le gâteau au fromage sur le trivet et garnir de canneberges. Couvrir l'insert en acier inoxydable d'une triple couche de serviettes en papier et fermer le couvercle. Branchez votre pot instantané et réglez la poignée de libération de vapeur. Appuyez sur le bouton « Manuel » et réglez la minuterie pendant 20 minutes.

5. Éteindre le feu et laisser reposer jusqu'à ce que la casserole instantanée ait refroidi, 1 heure.

6. Courez un couteau pointu sur le bord de votre gâteau au fromage. Réfrigérer toute la nuit.

Biscuits aux amandes

Temps de préparation: 10 minutes

Temps de cuisson: 30 minutes

Portions: 12

ingrédients:

- 1 cuillère à soupe de graines de lin mélangées à 2 cuillères à soupe d'eau
- 1/4 tasse d'huile de coco, fondue
- 1 tasse de sucre de coco
- 1/2 cuillère à café d'extrait de vanille
- 1 cuillère à café de levure chimique
- 1 et 1/2 tasse de farine d'amande
- 1/2 tasse d'amandes, hachées

Itinéraire:

1. Dans un bol, mélanger l'huile avec le sucre, l'extrait de vanille et le farine de lin et fouetter.
2. Ajouter la poudre à pâte, la farine d'amande et les amandes et bien mélanger.
3. Étendre le mélange à biscuits sur une plaque à pâtisserie doublée, introduire dans votre friteuse à air et le temps de cuisson: à 340 degrés F pendant 30 minutes.
4. Laisser refroidir la plaque à biscuits, la couper en

morceaux moyens et servir.

5. jouir!

Nutrition: calories 210, lipides 2, fibres 1, glucides 7, protéines 6

Crème Brulée

Temps de préparation: 11 MinutesServings: 4

ingrédients:

- 3 tasses de crème de noix de coco
- 3 c. à soupe de graines de lin mélangées à 1/2 tasse d'eau chaude
- 1 tasse de sucre plus 4 c. à soupe pour la garniture
- 1 gousse de vanille, fendue dans le sens de la longueur
- 1/4 c. à thé de sel

Itinéraire:

1. Dans un grand bol, mélanger la crème de noix de coco avec le mélange de graines de lin. Bien battre à l'aide d'un mélangeur électrique à haute hauteur.

2. À l'aide d'un couteau pointu, grattez les graines de votre gousse de vanille et ajoutez-les à votre mélange de crème. J'aime utiliser le reste de ma gousse de vanille. Hacher finement et ajouter au mélange. Ceci, cependant, est facultatif. Vous pouvez également ajouter une cuillère à café d'extrait de vanille pure pour

une saveur supplémentaire.

3. Maintenant, incorporer le sel en fouettant et bien battre à nouveau. Verser le mélange dans quatre ramequins de taille standard. réserver.

4. Prenez 4 x 12 " de longs morceaux de papier d'aluminium et roulez-les. Vous voulez obtenir des morceaux en forme de serpent de la feuille d'aluminium. Enroulez chaque pièce dans un cercle, en pinçant les extrémités ensemble. Placez-le au fond de l'insert en acier inoxydable de votre pot instantané.

5. Placez chaque ramequin sur le cercle d'aluminium et versez suffisamment d'eau bouillante pour atteindre jusqu'à environ 1/3 du chemin. Fermez le couvercle de la cuisinière et réglez la poignée de dégagement de vapeur. Appuyez sur le bouton « Manuel » et réglez la minuterie à 6 minutes. Temps de cuisson : à haute pression.

6. Une fois terminé, relâchez la pression de vapeur naturellement pendant environ 10 minutes, puis effectuez une libération rapide pour toute vapeur restante.

7. Retirer délicatement les ramequins de la casserole instantanée et ajouter une cuillère à soupe de sucre dans chaque ramequin. Brûler uniformément avec une

torche culinaire jusqu'à ce qu'elle soit dorée. Bien refroidir et servir.

Dessert à tartiner aux figues

Temps de préparation: 35 MinutesServings: 16

ingrédients:

- 1 tasse d'huile végétale
- 1 tasse de lait d'amande
- 1 tasse d'eau tiède
- 1/2 tasse de figuier
- 1 1/2 tasse de farine tout usage
- 1/2 tasse de gruau de blé
- 1/2 tasse de farine de maïs
- 2 c. à thé de poudre à pâte

Garniture:

- 2 tasses de cassonade
- 2 tasses d'eau
- 1/2 tasse de figuier

Itinéraire:

1. Tout d'abord, vous devrez préparer la garniture parce qu'elle doit bien refroidir avant de l'utiliser. Placer le sucre, la tartinade aux figues et l'eau dans une casserole à fond lourd. Porter à ébullition à feu moyen-vif et cuire le temps : pendant 5 minutes, en remuant constamment. Retirer du feu et bien refroidir.

2. Dans une autre casserole, mélanger l'huile avec l'eau

tiède, le lait d'amande et la propagation des figues. Porter à ébullition, puis ajouter la farine, les gruau de blé, la farine de maïs et la poudre à pâte. Donnez-lui un bon émoi et bien mélanger. Continuer le temps de cuisson : pendant 3-4 minutes. Bien refroidir et former la pâte.

3. À l'aide de vos mains, formez des boules de 2 pouces d'épaisseur. Ce mélange devrait vous donner environ 16 boules, selon la taille que vous voulez. Aplatissez doucement la surface et transférez-la sur un insert en acier inoxydable légèrement graissé de votre pot instantané. Appuyez sur le bouton « Manuel » et réglez la poignée de libération de vapeur. Réglez la minuterie pendant 10 minutes.

4. Une fois terminé, appuyez sur le bouton « Annuler » et éteignez votre pot. Effectuez une libération rapide et ouvrez le pot. Retirer délicatement la figuier et verser la garniture froide sur eux. Réserver pour refroidir complètement.

5. Réfrigérer pendant une heure et servir.

Pommes farcies

Temps de préparation: 10 minutes

Temps de cuisson: 25 minutes

Portions: 5

ingrédients:

- 5 pommes, dessus coupés et évidés
- 5 figues
- 1/3 tasse de sucre de coco
- 1/4 tasse de pacanes, hachées
- 2 cuillères à café de zeste de citron, râpé
- 1/2 cuillère à café de cannelle en poudre
- 1 cuillère à soupe de jus de citron
- 1tablespoon huile de coco

Itinéraire:

1. Dans un bol, mélanger les figues, le sucre de coco, les pacanes, le zeste de citron, la cannelle, le jus de citron et l'huile de coco et remuer.
2. Farcir les pommes avec ce mélange, les introduire dans votre friteuse à air et le temps de cuisson: à 365 degrés F pendant 25 minutes.
3. jouir!

Nutrition: calories 200, lipides 1, fibres 2, glucides 6, protéines 3

Gâteau facile de potiron

Temps de préparation: 10 minutes

Temps de cuisson: 40 minutes

Portions: 10

ingrédients:

- 1 et 1/2 cuillère à café de levure chimique
- Antiadhésif
- 1 tasse de purée de citrouille
- 2 tasses de farine d'amande
- 1/2 c. à thé de bicarbonate de soude
- 1 et 1/2 cuillère à café de cannelle, moulue
- 1/4 c. à thé de gingembre, moulu
- 1 cuillère à soupe d'huile de coco, fondue
- 1 cuillère à soupe de graines de lin mélangées à 2 cuillères à soupe d'eau
- 1 cuillère à soupe d'extrait de vanille
- 1/3 tasse de sirop d'érable
- 1 cuillère à café de jus de citron

Itinéraire:

1. Dans un bol, fariner avec de la poudre à pâte, du bicarbonate de soude, de la cannelle et du gingembre et remuer.
2. Ajouter les graines de lin, l'huile de coco, la vanille, la

purée de citrouille, le sirop d'érable et le jus de citron, remuer et verser dans un moule à gâteau graissé.

3. Introduisez dans votre friteuse à air, temps de cuisson: à 330 degrés F pendant 40 minutes, laisser de côté pour refroidir, trancher et servir.

4. jouir!

Nutrition: calories 202, lipides 3, fibres 2, glucides 6, protéines 1

Pommes et sauce mandarine

Temps de préparation: 10 minutes

Temps de cuisson: 20 minutes

Portions: 4

ingrédients:

- 4 pommes, évidées, pelées et évidées
- 2 tasses de jus de mandarine
- 1/4 tasse de sirop d'érable
- 2 cuillères à café de cannelle en poudre
- 1 cuillère à soupe de gingembre râpé

Itinéraire:

1. Dans une poêle qui s'adapte à votre friteuse à air, mélanger les pommes avec le jus de mandarine, le sirop d'érable, la cannelle et le gingembre, introduire dans la friteuse et le temps de cuisson: à 365 degrés F pendant 20 minutes

2. Répartir le mélange de pommes entre les assiettes et servir chaud.

3. jouir!

Nutrition: calories 170, lipides 1, fibres 2, glucides 6, protéines 4

Mélange de patates douces

Temps de préparation: 10 minutes

Temps de cuisson: 30 minutes

Portions: 8

ingrédients:

- 1 tasse d'eau
- 1 cuillère à soupe de zeste de citron, râpé
- 1/2 tasse de sucre de coco
- 3 patates douces pelées et tranchées
- 1/4 tasse de beurre de noix de cajou
- 1/4 tasse de sirop d'érable
- 1 tasse de pacanes, hachées

Itinéraire:

1. Dans une poêle qui s'adapte à votre friteuse à air, mélanger l'eau avec le zeste de citron, le sucre de coco, les pommes de terre, le beurre de noix de cajou, le sirop d'érable et les pacanes, remuer, introduire dans la friteuse et le temps de cuisson: à 350 degrés F pendant 30 minutes

2. Diviser le pouding aux patates douces dans des bols et servir froid.

3. jouir!

Nutrition: calories 210, lipides 4, fibres 3, glucides 10, protéines 4

Brownies jour d'été

Temps de préparation: 30 MinutesServings: 12

ingrédients:

- 1 tasse de cacao en poudre non sucré
- 1 tasse de farine de pâte de blé entier
- 1/2 tasse de cassonade emballée
- 1 tasse de lait non laiteux
- 1 cuillère à café d'extrait de vanille
- 1/4 c. à thé de sel
- 1/2 tasse de beurre non laiteux
- 1/2 c. à thé de levure chimique
- 2 cuillères à soupe de graines de lin moulues
- 2 cuillères à soupe d'eau chaude
- Sucre en poudre, pour servir

Itinéraire:

1. Mélanger les graines de lin avec l'eau chaude et réserver.

2. Mélanger tous les ingrédients secs dans un autre bol.

3. Dans un troisième bol, battre ensemble le beurre et la cassonade. Incorporer les graines de lin, la vanille et le lait avant d'incorporer les ingrédients secs un peu à la fois.

4. Placer une tasse d'eau au fond de la casserole instantanée, puis placer une grille sur le dessus.

5. Vaporisez un plat allant au four ou une casserole de forme de ressort assez petite pour tenir dans votre casserole instantanée avec du spray antiadhésif.

6. Verser la pâte à brownie dans la poêle graissée et la couvrir légèrement de papier d'aluminium avant de l'abaisser sur la grille.

7. Sceller le couvercle et le temps de cuisson : à feu élevé pendant 20 minutes, en libérant rapidement la pression lorsqu'elle est terminée. Saupoudrer de sucre en poudre.